DON
BOSCO

Agnes Boos

Die 50 besten Spiele für die „Bewegte Schule“

MiniSpielothek

Gerne nehmen wir Ihre Anregungen, Wünsche, Kritik oder Fragen entgegen:
Don Bosco Medien GmbH, Sieboldstraße 11, D-81669 München
anregungen@donbosco-medien.de
Servicetelefon: +49(0)89 48008-341

Bibliografische Information der Deutschen Nationalbibliothek

Die Deutsche Nationalbibliothek verzeichnet diese Publikation in der Deutschen Nationalbibliografie; detaillierte bibliografische Daten sind im Internet über http://dnb.d-nb.de abrufbar.

4. Auflage 2025 / ISBN 978-3-7698-2397-4

www.donbosco-medien.de

Umschlag: Don Bosco Medien GmbH, München
Umschlaggrafik: strichfiguren.de/fotolia.de, Anja Goossens
Layout: Alexandra Paulus
Satz: Don Bosco Medien GmbH, München
Druck: Don Bosco Druck & Design, Ursensollen

Gedruckt auf umweltfreundlichen Papier

Inhalt

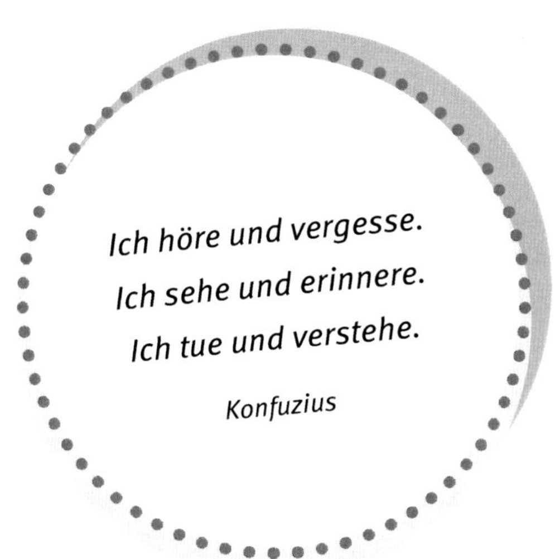

Ich höre und vergesse.
Ich sehe und erinnere.
Ich tue und verstehe.

Konfuzius

Vorwort

Schon Konfuzius wusste, dass reines Zuhören nicht den erwünschten Lernerfolg bringt. Kinder wollen aktiv dabei sein und etwas ausprobieren. Im Unterricht ist der Freiraum für kindgerechte Bewegungen wie Rennen, Tollen, Klettern oder Springen begrenzt. Aber auch für den Unterricht gibt es geeignete Methoden und Übungen, Kinder in Bewegung zu bringen und mit Bewegungsspielen die Lernfähigkeit, die Leistungsbereitschaft und den Anstrengungswillen zu stärken.

Lernen braucht Bewegung

Psychomotorische und geistige Entwicklung sind eng miteinander verbunden. Bewegung unterstützt das Lernen in mehrfacher Hinsicht: Sie unterbricht langes Stillsitzen und aktiviert den Kreislauf. Bewegungsreicher Unterricht verbessert das Behalten von vermitteltem Stoff im Gedächtnis und fördert das Knüpfen neuer Nervenverbindungen. So zeigt sich, dass z. B. Auf- und Abgehen oder gestische Begleitung beim Lernen positive Effekte hat. Hier spielen offensichtlich die motorischen Zentren des Gehirns eine wesentliche Rolle beim Verarbeiten von Informationen und bei Erinnerungsvorgängen.

Bewegte Schule
Gerade bei jüngeren Kindern ist der Bewegungsdrang sehr hoch und langes Stillsitzen fällt ihnen schwer. Sie haben aber Spaß daran, Lernen mit Ballspielen zu verknüpfen oder neu erworbenes Wissen pantomimisch zu wiederholen. Daher sollten wir ihre Motivation, sich über Bewegung Lerninhalte zu erschließen, unbedingt nutzen.
In diesem Buch stelle ich Übungen für eine „Bewegte Schule“ vor, bei denen Lernen und Bewegung spielerisch verknüpft werden. Neben Übungen für das Wort- und Zahlengedächtnis steht die Förderung von Konzentration, Wahrnehmung und Merkfähigkeit im Fokus. Koordinative Übungen verbessern die Vernetzung beider Gehirnhälften, andere Übungen zeigen, wie man mit Bewegung neues Wissen besser verankern kann.

Viel Spaß beim bewegten Lernen wünscht
Agnes Boos

Motivations-spiele

Namen verschenken

Bei dieser Übung lernen sich alle gut kennen und konzentriertes Zuhören ist gefragt.

Zu Beginn stehen alle im Kreis und jeder nennt seinen Namen. Anschließend laufen alle durch den Raum. Jeder sucht dabei im schnellen Wechsel einen Partner. Diesem nennt er seinen Namen und erhält dafür dessen Namen. Er merkt sich den genannten Namen, nennt ihn einem anderen Kind und erhält dafür wieder dessen Namen. Nach ein paar Minuten stellen sich alle im Kreis auf und nennen ihren zuletzt erhaltenen Namen. Oft sind einige Namen „verloren“ gegangen und andere doppelt vorhanden.

Variationen

- Zahlen verschenken: Zu Beginn stehen alle im Kreis. Es wird durchgezählt, bis jeder eine Nummer hat. Die weitere Durchführung erfolgt mit den Zahlen wie oben beschrieben.

- Lerninhalte verschenken: Zu Beginn stehen alle im Kreis. Damit es keine Doppelnennungen gibt, nennt zunächst jeder einen Begriff, der im Unterricht besprochen wurde. Die weitere Durchführung erfolgt wie oben beschrieben.

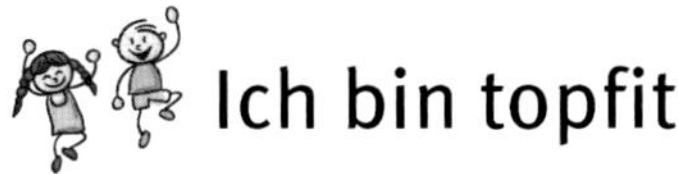

Ich bin topfit

Diese Übung hilft dabei, dem Unterricht wieder wach und konzentriert folgen zu können.

Zu folgendem Spruch machen alle unterschiedliche Bewegungen zu den einzelnen Wörtern:

ICH = Handflächen übereinander an die Brust legen
BIN = Arme in die Hüfte stemmen
TOP = Arme vorstrecken, dabei beide Hände zur Faust und die Daumen hoch
FIT = Arme hochstrecken

Variation

Die Lehrkraft nennt einen der folgenden Sätze, die sich durch Umstellung der Wörter bilden lassen:

- BIN ICH TOPFIT?
- FIT BIN ICH TOP!
- TOPFIT BIN ICH!
- TOP, ICH BIN FIT!
- TOP, BIN ICH FIT!

Alle sprechen den genannten Satz zusammen laut nach und führen die passenden Bewegungen aus.

Rucksack packen

Bei dieser Variante des bekannten Kofferpackens ist eine stressfreie Durchführung garantiert, denn die Merkfähigkeit wird durch den positiven Einfluss der Bewegung unterstützt.

Der Reihe nach nennt jeder einen Gegenstand, den er in seinen Rucksack packt, z. B. Mathebuch, Lineal oder Trinkflasche. Bei der Nennung der Gegenstände wird gleichzeitig eine passende Bewegung gemacht, z. B. Zahl in die Luft schreiben, pantomimisch messen, pantomimisch trinken. Nach jedem Begriff wiederholen alle gemeinsam die bisher genannten Gegenstände mit der entsprechenden Bewegung.

Variation

Es werden erlernte Begriffe aus dem Unterricht in den Rucksack „gepackt".

Ans andere Ufer

Diese Übung bringt viel Bewegung in die Klasse und die Kinder sind sehr motiviert, passende Wörter zu finden.

Zwei Gruppen stehen sich im Abstand von circa 1 bis 2 Meter gegenüber. Jedes Kind erhält eine Buchstabenkarte. Diese wird für die gegenüberstehende Mannschaft sichtbar vor den Körper gehalten.
Nun werden folgende Aktionen ausgeführt:
Ein Kind nennt einen Begriff, der mit seinem Buchstaben anfängt und mit einem Buchstaben eines beliebigen Kindes der gegenüberstehenden Gruppe endet. Diese beiden Kinder wechseln die Seiten. Danach ist ein Kind der anderen Gruppe an der Reihe.

Beispiel

Der eigene Buchstabe ist **B,** einer der Buchstaben der gegenüberliegenden Gruppe ist **D**. Das Kind ruft: „**B**UNDESLAN**D**!“

Material

Buchstabenkarten

Wegkreuzung

Diese Übung beginnt einfach und fordert bei stetiger Steigerung hohe Flexibilität.

Die Kinder stehen im Kreis und zählen durch. Die Übung läuft in folgenden Schritten ab:

- Die Lehrkraft nennt im schnellen Wechsel jeweils zwei Zahlen, z. B. 4 und 8. Die beiden Kinder mit den genannten Zahlen tauschen die Plätze.
- Die Lehrkraft nennt im schnellen Wechsel zwei Zahlen, z. B. 8 und 11. Die beiden Kinder mit den genannten Zahlen tauschen die Plätze *und* die Zahl: 8 wird also nun 11 und 11 wird 8.
- Die Lehrkraft nennt im schnellen Wechsel jeweils zwei Zahlen, z. B. 3 und 21. Die beiden Kinder mit der *vorhergehenden* Zahl tauschen die Plätze, also 2 und 20.
- Die Lehrkraft nennt im schnellen Wechsel jeweils zwei Zahlen, z. B. 7 und 16. Die beiden Kinder mit der *nachfolgenden* Zahl tauschen die Plätze, also 8 und 17.

Schnell sortiert

Diese Übung schult die Wahrnehmung und fördert das Gemeinschaftsgefühl.

Alle Kinder stehen in einem Kreis. Die Lehrkraft nennt eine Vorgabe, nach der sich die entsprechenden Kinder in einem Innenkreis aufstellen, z. B.:

- alle, deren Vorname mit A–M (alternativ: N–Z) anfängt
- alle, die im Januar, Februar oder März (alternativ: April/Mai/Juni usw.) Geburtstag haben
- alle, die mit dem Bus zur Schule fahren
- alle, die einen Gürtel tragen

Bunte Namensrunde

Diese Übung erfordert stetige Konzentration und zudem Reaktionsbereitschaft.

Die Kinder stehen im Kreis. Es werden drei verschiedenfarbige Bälle (z. B. gelb, blau, rot) im Kreis herumgegeben, die mit unterschiedlichen Aufgaben verbunden sind:

- Wer den gelben Ball erhält, gibt ihn an seinen rechten Nachbarn weiter und nennt dabei seinen eigenen Namen.
- Wer den blauen Ball erhält, gibt ihn an seinen rechten Nachbarn weiter und nennt dabei dessen Namen.
- Wer den roten Ball erhält, gibt ihn an seinen rechten Nachbarn weiter und nennt den Namen des Kindes, von dem der Ball kam.

Material

drei verschiedenfarbige Bälle

Rhythmus-Paare

Klang und Rhythmus fördern die Freude am Lernen und sollten deshalb im Unterricht methodisch genutzt werden.

Die Klasse teilt sich in Paare auf. Jedes Paar überlegt sich einen Begriff aus dem Unterricht. Für diesen Begriff überlegen sie sich rhythmische Bewegungen zu den Wortsilben. Anschließend sprechen sie den anderen Kindern den Begriff mit den rhythmischen Bewegungen laut vor. Die anderen Kinder sprechen den Begriff daraufhin gemeinsam mit den gezeigten Bewegungen nach.
Anschließend können alle genannten Begriffe mit den Bewegungen nochmals wiederholt werden.

Beispiele

- Kit-chen: einmal mit der linken und einmal mit der rechten Hand rühren
- Chlo-ro-phyll: zweimal auf die Oberschenkel klatschen, einmal auf die Hände des Partners klatschen

Ballfolge

Bei dieser Übung gilt: Immer auf seine Partner schauen und sich nicht ablenken lassen.

Die Kinder stehen im Kreis. Ein Ball wird kreuz und quer geworfen. Jeder soll den Ball einmal erhalten. Um dies in der ersten Runde zu kontrollieren, verschränken alle, die den Ball bereits hatten, ihre Arme. Jeder merkt sich, von wem er den Ball bekommt und an wen er den Ball weiterwirft. Der Ball wird nun mehrere Runden in dieser Abfolge von einem zum anderen geworfen.
Wenn das Weiterwerfen gut gelingt, können nacheinander noch mehr Bälle ins Spiel gebracht werden, die in derselben Abfolge weitergegeben werden.

Material

vier bis acht Bälle

Verflixte 13

Bei dieser Übung beachten die Kinder sich gegenseitig und reagieren schnell aufeinander.

Alle Kinder stehen im engen Kreis. Sie versuchen als Gruppe bis 13 zu zählen. Allerdings darf eine Zahl immer nur von einem Kind genannt werden und die nächste Zahl darf nicht von einem Nachbarkind genannt werden. Da nicht abgesprochen wird, wer die nächste Zahl nennt, kommt es vor, dass zwei oder drei Kinder gleichzeitig eine Zahl nennen. Dann muss wieder bei „1" begonnen werden.
Alle Kinder, die allein eine Zahl nennen konnten, rücken einen Schritt zurück. Sie machen in dieser Runde nicht mehr mit.

Variation

Statt bis 13 zu zählen, kann auch ein längeres Wort mit 10 oder mehr Buchstaben buchstabiert werden.

Konzentrationsübungen

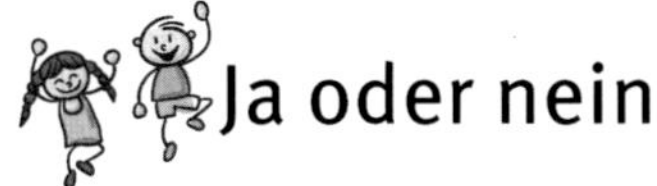

Ja oder nein

Automatisierte Bewegungen werden unterbrochen und gegenteilig ausgeführt. Das funktioniert nur mit hoher Konzentration.

Die Kinder sitzen oder stehen im Kreis. Das erste beginnt und stellt seinem Nachbarn zur rechten Seite eine Frage, die dieser eindeutig mit „ja“ oder „nein“ beantworten kann. Der Befragte antwortet, macht zu seiner Antwort aber die gegenteilige Kopfbewegung. Die Übung geht so lange, bis jeder einmal an der Reihe war – auch die Lehrkraft!

Beispiel

A fragt B: „Hast du einen roten Pullover an?“
B hat einen blauen Pullover an und antwortet deshalb: „Nein.“ Dabei nickt er.
B fragt C: „Bist du heute mit dem Fahrrad zur Schule gekommen?“
C ist mit dem Fahrrad gekommen und antwortet: „Ja.“ Dabei schüttelt er den Kopf.

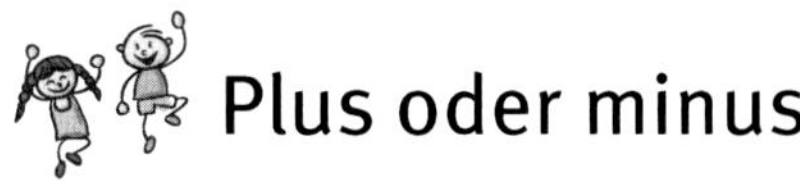

Plus oder minus

Diese Übung fördert die Fähigkeit, die Aufmerksamkeit lange aufrechtzuerhalten.

Die Kinder merken sich folgende Zuordnung:

- Zahl 1 = rechten Arm heben
- Zahl 2 = linken Arm heben

Reihum wird von den Kindern beliebig die Zahl 1 oder 2 durch Heben des entsprechenden Armes gezeigt. Alle Kinder rechnen im Kopf die Summe der Zahlen aus. Nach einer Runde wird das errechnete Ergebnis von den Teilnehmern verglichen.
Die erste Runde sollte laut erfolgen, d. h. von allen Kindern wird nach Nennung einer weiteren Zahl jeweils das Ergebnis mitgesprochen. Die nächste Runde folgt dann still.

Variation

Die Startzahl ist 10, damit das Ergebnis nicht negativ wird. Die Zahl 2 wird addiert, die Zahl 1 wird subtrahiert. Auch hier sollte die erste Runde mit lautem Mitsprechen erfolgen.

Zahlengymnastik

Bei dieser Rechenübung werden Konzentration und Reaktion besonders herausgefordert.

Die Kinder zählen reihum durch. Jeder merkt sich seine Zahl. Die Lehrkraft nennt eine Rechenoperation. Alle rechnen das Ergebnis aus. Das Kind, das die entsprechende Zahl hat, steht auf.

Variationen

- Achtung **Palindromzahl**: Beim Durchzählen werden die Palindromzahlen 11, 22 und 33 ausgelassen. Die Lehrkraft nennt eine Rechenoperation. Ist das Ergebnis eine Palindromzahl, stehen alle auf.
- Achtung **Primzahl**: Beim Durchzählen werden die Primzahlen 2, 3, 5, 7, 11, 13, 17, 19, 23 und 29 ausgelassen. Die Lehrkraft nennt eine Rechenoperation. Ist das Ergebnis eine Primzahl, stehen alle Kinder auf.

Eins, zwei oder drei

Wie viel Konzentration diese Übung erfordert, zeigt sich oft erst nach mehreren Runden.

Die Kinder zählen reihum im Wechsel 1, 2, 3, 1, 2, 3 ... Nach 2–3 Runden wird die Zahl 1 durch eine festgelegte Bewegung ersetzt, z. B. Arme verschränken. Nach weiteren Runden wird die Zahl 3 durch eine andere Bewegung ersetzt, z. B. klatschen.

Variationen

- Es wird rückwärts gezählt 3, 2, 1, 3 ... Daraufhin werden die Zahlen wie oben beschrieben durch Bewegungen ersetzt. Durch den Sprung von 1 auf 3 beim Rückwärtszählen ist besonders viel Konzentration gefordert.
- Partnerübung: Jeweils zwei Kinder stehen sich gegenüber. Sie zählen im Wechsel 1, 2, 3, 1 ... Nach mehreren Runden wird zunächst die Zahl 1, dann auch die Zahl 3 durch Bewegungen ersetzt. Auch die Rückwärtsvariante kann wie oben durchgeführt werden.

Blind vertraut

Diese Übung fördert das Vertrauen unter den Kindern und schult zugleich die sensomotorische Wahrnehmung.

Die Kinder stellen sich zu zweit zusammen. Ein Kind führt das andere, das die Augen schließt. Es führt das Kind zu verschiedenen Gegenständen im Raum und lässt es diese berühren. Nach einigen Stationen darf das Kind die Augen öffnen und raten, was es ertastet hat und welchen Weg es gegangen ist. Dann tauschen die beiden Kinder die Rollen.

Zehn Freunde

Reaktion und Merkfähigkeit werden bei dieser Übung unterhaltsam trainiert.

Die Kinder legen beide Hände auf den Tisch und geben ihren Fingern gemeinsam weibliche und männliche Namen, die mit dem Anfangsbuchstaben des Fingers beginnen.

Beispiel

linke Hand:
- kleiner Finger = Klara
- Ringfinger = Ronja
- Mittelfinger = Mira
- Zeigefinger = Zoe
- Daumen = Dunja

rechte Hand:
- Daumen = Dennis
- Zeigefinger = Zaid
- Mittelfinger = Manuel
- Ringfinger = Ruben
- Kleiner Finger = Kilian

Die Lehrkraft nennt einen dieser Namen und die Kinder tippen mit dem entsprechenden Finger dreimal auf den Tisch.

Variation 1

Beim Nennen zweier Namen (weiblich und männlich), z. B. „Mira trifft sich mit Zaid“, werden beide Finger verhakelt, also linker Mittelfinger und rechter Zeigefinger.

Variation 2 (Partnerübung)

Die Übung läuft wie Variation 1 ab, aber zwei Kinder arbeiten zusammen: Ein Kind nimmt seine rechte Hand, das andere seine linke. Nach einiger Zeit wird getauscht.

Zoodirektor

Bei dieser Übung sind insbesondere Konzentration und Reaktionsbereitschaft gefordert.

Die Kinder stehen im Kreis. Ein Kind steht in der Mitte und ist der Zoodirektor. Das Kind zeigt auf ein beliebiges anderes Kind und nennt dabei ein Tier. Das ausgewählte Kind macht je nach genanntem Tier folgende Bewegungen:

- das Tier lebt im Wasser: Schwimmbewegung
- das Tier lebt an Land: Arme gekreuzt an die Schultern
- das Tier kann fliegen: die Kinder, die links und rechts vom angesprochenen Kind stehen, tauschen schnell die Plätze

Nach mehreren Runden wird ein neuer Zoodirektor ausgewählt.

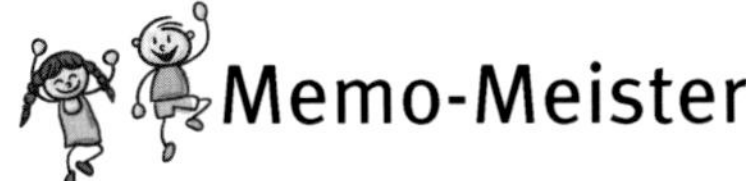

Memo-Meister

Diese Übung erfordert Konzentrationsfähigkeit und sicheres Abspeichern von verknüpften Informationen.

Ein Kind – der Memo-Meister – verlässt den Raum. Die anderen Kinder bilden Paare. Jedes Paar überlegt sich eine einfache Bewegung, z. B. am Kopf kratzen, Knie anheben oder schnipsen. Dann stellen sich die Kinder verteilt im Kreis auf, sodass kein Paar nebeneinandersteht. Nun wird der Memo-Meister wieder hereingerufen. Seine Aufgabe ist es, die Paare mit den gleichen Bewegungen zu finden, ähnlich wie bei einem Memo-Spiel. Dazu tippt er ein Kind an der Schulter an. Dieses macht kurz seine Bewegung vor und erstarrt dann wieder. Der Memo-Meister darf jedes Kind so häufig antippen, wie er möchte, um die Paare zu finden.

Variation

Während der Memo-Meister die Paare sucht, dürfen die Kinder im Raum herumlaufen.

A, I, U

Bei dieser Übung ist langes Aufrechterhalten der Konzentrationsfähigkeit gefragt.

Ein Kind beginnt und sagt laut den Buchstaben **A**. Dabei legt es nach Belieben entweder seine rechte oder seine linke Hand unter das Kinn.
Anschließend ist der Nachbar an der Reihe, auf den die Fingerspitzen der Hand zeigen. Er nennt den Buchstaben **I** und legt nach Belieben seine rechte Hand auf die linke Schulter oder seine linke Hand auf die rechte Schulter. Liegt die Hand auf der rechten Schulter, ist der rechte Nachbar an der Reihe. Liegt die Hand auf der linken Schulter, kommt der linke Nachbar an die Reihe. Dieser Nachbar sagt nun **U** und zeigt auf ein beliebiges Kind aus der Runde. Dieses beginnt wieder mit dem Buchstaben **A** und der dazugehörigen Bewegungsauswahl.

Variation

Die beiden fehlenden Vokale **E** und **O** werden hinzugenommen und mit folgenden Bewegungsmöglichkeiten verknüpft:

- **E**: Die rechte Hand wird in die rechte Hüfte gestemmt, danach ist das übernächste rechte Kind an der Reihe. Die linke Hand wird in die linke Hüfte gestemmt, danach ist das übernächste linke Kind an der Reihe.
- **O**: Mit der rechten Hand wird das linke Knie berührt, danach ist das übernächste linke Kind an der Reihe. Mit der linken Hand wird das rechte Knie berührt, danach ist das übernächste rechte Kind an der Reihe.

19

Falscher Körperteil

Diese Übung fördert die schnelle Umstellungsfähigkeit und das Fokussieren auf Detailinformationen.

Die Kinder stehen im Kreis. Ein Kind beginnt und berührt einen Körperteil, z. B. seinen linken Ellbogen. Es benennt diesen Körperteil falsch und sagt z. B.: „Das ist mein Kinn."
Das nächste Kind berührt nun den falsch genannten Körperteil, also das Kinn, und benennt ihn wiederum falsch, z. B.: „Das ist mein rechter Fuß."
Die Kinder berühren also immer den zuletzt genannten Körperteil und benennen ihn falsch.

Koordinations- und Überkreuzspiele

Fingertippen

Die Finger werden im Gehirn durch ein großes Areal repräsentiert. Das bedeutet, dass wir bei Fingerübungen viel Aktivität im Gehirn mobilisieren.

Beide Hände tippen gleichzeitig wie folgt:

- Die Daumen tippen gegen Zeigefinger, Mittelfinger, Ringfinger, kleinen Finger und wieder zurück.
- Die Daumen tippen gegen Zeigefinger, Mittelfinger, Ringfinger, kleinen Finger und wieder zurück. Die linke Hand tippt beim ersten Durchgang jeweils doppelt, die rechte Hand tippt beim zweiten Durchgang jeweils doppelt.
- Die Daumen tippen um einen Finger versetzt. Eine Hand beginnt beim Zeigefinger, die andere beim Mittelfinger und wieder zurück.
- Die Daumen tippen gegengleich. Eine Hand beginnt beim Zeigefinger, die andere beim kleinen Finger und wieder zurück.

Spiegelbilder

Diese Übung unterstützt die vernetzte Zusammenarbeit beider Gehirnhälften.

Mit beiden Händen werden spiegelbildlich Rechtecke, Dreiecke oder die Zahlen von 0 bis 9 in die Luft gemalt.

Variationen

- Die linke Hand fängt einen „Strich" später an als die rechte Hand.
- Die Zahlen von 0 bis 9 werden spiegelbildlich in die Luft gemalt, wobei die ungeübte Hand normal malt und die geübte Hand spiegelbildlich.
- Zwei Partner stehen sich gegenüber. Einer malt Figuren in die Luft. Der andere Partner malt spiegelbildlich mit.

Becher und Ball

Diese Übung unterstützt das vernetzte Arbeiten beider Gehirnhälften und fördert die Feinmotorik.

Jedes Kind erhält einen Pappbecher mit Bodenrand und einen Tischtennisball. Der Becher wird umgedreht und der Tischtennisball auf den Becherboden gelegt. Mit einer Hand lassen die Kinder den Tischtennisball einige Runden zunächst in die eine, dann in die andere Richtung kreisen.
Die Kinder kombinieren anschließend das Kreisen des Balles mit zusätzlichen Aufgaben:

- Blickkontakt mit anderen Kindern aufnehmen und zunicken
- kreuz und quer im Raum umherlaufen und Klassenkameraden begrüßen
- gleichzeitig mit der anderen Hand mit jedem Finger gegen den Daumen tippen
- gleichzeitig mit einem Fuß tippen

Variation

Jedes Kind erhält zwei Becher und zwei Tischtennisbälle und lässt die Bälle beidhändig kreisen. Dabei wird auf beiden Seiten mal in die eine und mal in die andere Richtung gekreist. Danach sollen die Kinder die Bälle gegengleich kreisen lassen. Hier zeigt sich schnell, welche Hand etwas geschickter ist.

Material

pro Kind zwei Pappbecher mit Bodenrand und zwei Tischtennisbälle

Nimm und gib

Diese Übung fördert die Hand-Augen-Koordination und erfordert gemeinschaftliches Handeln.

Die Kinder stehen im Kreis. Jedes Kind hält einen kleinen Gegenstand in der Hand (z. B. eine Walnuss oder Kastanie), der in einer vorgegebenen Abfolge reihum weitergegeben wird. Dabei kann der Gegenstand von allen entweder im Uhrzeigersinn weitergegeben werden oder gegen den Uhrzeigersinn.

Weitergabe im Uhrzeigersinn:
Jeder hält den Gegenstand in der linken Hand mit der Handfläche nach oben. Auf ein Kommando der Lehrkraft (z. B. „Hopp!") übergeben alle ihren Gegenstand in die rechte Hand. Beim nächsten Kommando übergeben alle den Gegenstand an den rechten Nachbarn und nehmen gleichzeitig den Gegenstand vom linken Nachbarn entgegen. Dazu ist es erforderlich, die Hand umzudrehen und geöffnet hinzuhalten.

Weitergabe gegen den Uhrzeigersinn:
Jeder hält den Gegenstand in der rechten Hand. Auf ein Kommando der Lehrkraft übergeben alle ihren Gegenstand in die linke Hand. Beim nächsten Kommando übergeben alle den Gegenstand an den linken Nachbarn und nehmen gleichzeitig den Gegenstand vom rechten Nachbarn entgegen.

Material

pro Kind ein kleiner Gegenstand (z. B. Walnuss oder Kastanie)

Zwei vor, eins zurück

Diese Übung eignet sich gut, um lange Konzentrationsphasen zu trainieren.

Die Kinder stehen im Kreis. Ein Ball wird in einer bestimmten Abfolge reihum weitergegeben. Dabei gibt es verschiedene Möglichkeiten der Weitergabe:

Weitergabe nach rechts

- Das erste Kind wirft den Ball zum übernächsten rechten Kind.
- Dieses wirft den Ball zu seinem nächsten linken Nachbarn zurück.
- Dieser wirft den Ball wieder zu seinem übernächsten rechten Nachbarn.
- ...

Weitergabe nach links

- Das erste Kind wirft den Ball zum übernächsten linken Kind.
- Dieses wirft den Ball zu seinem nächsten rechten Nachbarn zurück.
- Dieser wirft den Ball wieder zu seinem übernächsten linken Nachbarn.
- ...

Weitergabe nach rechts plus Rechenübung

- Die Ausgangszahl ist 0.
- Wird nach rechts geworfen, wird gleichzeitig vom Werfer laut 2 addiert.
- Wird nach links geworfen, wird gleichzeitig vom Werfer laut 1 subtrahiert.
- So wird gezählt: 2, 1, 3, 2, 4, 3, 5, 4 ...

Weitergabe nach links plus Rechenübung

- Die Ausgangszahl ist 20.
- Wird nach links geworfen, wird gleichzeitig vom Werfer laut 2 subtrahiert.
- Wird nach rechts geworfen, wird gleichzeitig vom Werfer laut 1 addiert.
- So wird gezählt: 18, 19, 17, 18, 16, 17, 15, 16 ...

Material

Ball

Im Rhythmus

Die Schwierigkeit bei dieser Übung besteht darin, gleichzeitig die Denk- und Bewegungsplanung zu koordinieren.

Alle Kinder führen gemeinsam folgende Bewegungsabfolge durch:

- 4-mal mit den Füßen stampfen (rechts, links, rechts, links)
- 4-mal auf die Oberschenkel klopfen
- 4-mal in die Hände klatschen
- 2-mal rechts schnipsen, 2-mal links schnipsen

Das Schnipsen ist mit einer zusätzlichen Aufgabe verbunden, die nur ein namentlich genanntes Kind ausführt: Beim Schnipsen rechts wird gleichzeitig im Rhythmus der eigene Name genannt. Beim Schnipsen links wird gleichzeitig im Rhythmus der Name eines anderen Kindes genannt, das als nächstes diese Aktion durchführt.

Richtungswechsel

Bei dieser Übung müssen alle aufmerksam zuhören und auf den Vordermann reagieren.

Ein Klatschrhythmus wird von Kind zu Kind in eine Richtung weitergegeben.

Jedes Kind hat einen Joker und darf im Laufe der Runden einmal doppelt klatschen. Klatscht ein Kind zweimal, ändert das Klatschen seine Laufrichtung.

 Hey, ich bin der Seppel

Diese Übung macht wach und bringt neuen Schwung für die nächste Lernphase.

Die nachfolgenden sechs Zeilen werden wie ein Rap gesprochen.
Die ersten fünf Zeilen bleiben von Strophe zu Strophe gleich, die sechste Zeile beinhaltet immer eine Bewegung, die alle ausführen.
In jeder Strophe wird eine neue beliebige Bewegung ergänzt, sodass nach vier bis fünf Strophen der ganze Körper in Bewegung ist. Die Rolle von Seppel wird von der Spielleitung übernommen. Ist den Kindern das Spiel bereits bekannt, können auch die Kinder Bewegungen ergänzen.
Irgendwann antwortet Seppel auf die Frage „Machst du Spaß?" mit „Nein!" und das Spiel ist beendet.

Rap

Hey, ich bin der Seppel,
ich hab' zwei Arme und Beine
und beweg mich den lieben, langen Tag.
Eines Tages kommt mein Freund und sagt:
„Seppel – machst du Spaß?" Ich sag: „Ja!"
... Und ich kreis' mit meinem rechten Arm.

Beispiele für die 6. Zeile

- **... Und ich tipp' mal mit dem linken Fuß.**
- **... Und ich schwing' meine Hüfte vor und zurück.**
- **... Und ich mach' meine Augen auf und zu.**

28

X, Y, Z

Bei dieser Übung ist schnelle Umstellungsfähigkeit gefragt, um die richtige Fanghand einzusetzen.

Zwei Kinder stehen sich gegenüber und werfen sich im Wechsel einen Igelball oder ein Chiffontuch zu. Das Kind, das den Ball/das Tuch wirft, nennt vor dem Wurf einen der Buchstaben X, Y oder Z. Die Buchstaben sind mit folgenden Aktionen des Fängers verknüpft:

- X: den Ball/das Tuch mit der rechten Hand fangen
- Y: den Ball/das Tuch mit der linken Hand fangen
- Z: vor dem Fangen einmal in die Hände klatschen, die Fanghand ist beliebig

Material

pro Kinderpaar ein Igelball oder Chiffontuch

Fluglotse

Für diese Übung benötigen die Kinder gute koordinative Fähigkeiten.

Die Kinder üben mit dem rechten Arm folgende „Fluglotsenbewegung“: Arm nach oben, Arm an den Körper, Arm nach oben, Arm an den Körper, Arm nach oben ...
Daraufhin üben sie mit dem linken Arm folgende „Fluglotsenbewegung“: Arm nach oben, Arm zur Seite, Arm an den Körper, Arm zur Seite, Arm nach oben ...
Nun kommt die Herausforderung: Mit beiden Armen werden die oben genannten Bewegungen gleichzeitig ausgeführt. Nach zwei Bewegungsabläufen des rechten Armes treffen sich beide Arme wieder oben.
Nach einigen Durchgängen werden die Bewegungen für die beiden Arme vertauscht.

Bewegte Pausen und bewegte Entspannung

Pause von dem Denken

Abklopfen macht wach und es geht anschließend mit neuer Energie in die nächste Lernphase.

Die Kinder stehen im Kreis oder an ihren Plätzen und sprechen laut den nachfolgenden Spruch. Dabei werden zu den einzelnen Silben jeweils mit beiden Händen verschiedene Abklopfbewegungen durchgeführt.

MACH MAL:	*2-mal auf die Unterschenkel-Außenseite klopfen*
PAUSE:	*2-mal auf die Oberschenkel-Außenseite klopfen*
VON DEM:	*2-mal auf die Brust klopfen*
DENKEN,:	*2-mal auf den Nacken klopfen*
NUR NICHT:	*2-mal auf die Unterschenkel-Außenseite klopfen*
DAS GE-:	*2-mal auf die Oberschenkel-Außenseite klopfen*
HIRN VER-:	*2-mal auf die Brust klopfen*
RENKEN:	*2-mal auf den Nacken klopfen*

Bunt bewegt

Jede Karte steht für eine Bewegung – aber die richtige müssen sich die Kinder merken!

Die Kinder stehen an ihrem Platz. Die Lehrkraft hält im schnellen Wechsel eine der vier Farbkarten hoch. Die Kinder führen die dazugehörige Bewegung aus:

- rot: hochspringen
- grün: in die Hocke gehen
- blau: Arme in die Hüfte stemmen
- gelb: Arme nach oben strecken

Variation

Es werden zwei Farbkarten gezeigt und beide Bewegungen werden gleichzeitig durchgeführt. Dabei sind folgende Kombinationen möglich:

- rot und blau
- rot und gelb
- grün und blau
- grün und gelb

Material

vier verschiedene Farbkarten

Wettermassage

Diese Übung kann jederzeit als kurze Pause und Entspannung während einer Lerneinheit durchgeführt werden.

Die Kinder stehen hintereinander im Kreis. Der Abstand sollte circa eine halbe Armlänge betragen, sodass der Rücken des davorstehenden Kindes gut berührt werden kann. Die Lehrkraft beschreibt verschiedene Wettersituationen und nennt die dazugehörigen Bewegungen, die alle Kinder auf dem Rücken des davorstehenden Kindes durchführen.

Es ist schönes Wetter und die Sonne scheint.
   Hände warm reiben und auf den Rücken legen
Dann ziehen langsam immer mehr Wolken auf.
   mehrmals von oben nach unten über den Rücken reiben
Es fängt langsam an zu regnen.
   sachte mit den Fingerkuppen auf den Rücken klopfen
Es regnet stärker.
   stärker mit den Fingerkuppen auf den Rücken klopfen

Dann blitzt es.

Zickzacklinien auf den Rücken malen

Es fängt an zu donnern.

leicht mit den Fäusten auf den Rücken trommeln

Es kommt starker Wind auf, der die Wolken schnell wegpustet.

pusten und dabei kräftig in verschiedene Richtungen über den Rücken streichen

Der Regen lässt nach.

sachte und immer langsamer werdend mit den Fingerkuppen auf den Rücken klopfen

Die Sonne blinzelt wieder hervor.

Hände warm reiben, auf den Rücken legen, einen Moment so bleiben und die Entspannung genießen

Körpernummern

Bei dieser Bewegungsübung vom Kopf bis zu den Füßen ist Reaktion und Koordination gefragt.

Zunächst erhalten verschiedene Körperteile eine Nummer:

- 1: linke Hand
- 2: linker Ellbogen
- 3: linke Schulter
- 4: rechte Schulter
- 5: rechter Ellbogen
- 6: rechte Hand
- 7: rechte Hüfte
- 8: rechtes Knie
- 9: rechter Fuß
- 10: linker Fuß
- 11: linkes Knie
- 12: linke Hüfte
- 13: Kopf

Die Lehrkraft nennt nun eine beliebige Zahl und die Kinder berühren den entsprechenden Körperteil.

Variation

Diese Übung kann auch als Partnerübung mit zweistelligen Zahlen durchgeführt werden. Dazu legen die Partner jeweils fest, wer von ihnen die Einerzahl und wer die Zehnerzahl darstellen soll. Die Lehrkraft nennt dann eine zweistellige Zahl und die Kinder berühren sich mit diesen beiden Körperteilen.
Beispiel für 83:
Das Kind mit der Zehnerzahl berührt mit seinem rechten Knie (= 8) die linke Schulter (= 3) des Kindes mit der Einerzahl. Das kann auf unterschiedliche Art und Weise geschehen: Entweder bückt sich „3“ zu „8“ oder „8“ hebt das Bein zu „3“.

Hinweis

Zur Erleichterung können die Zahlen und dazugehörigen Körperteile an der Tafel notiert werden.

Coole Typen

Diese Übung setzt Kreativität und Fantasie frei und die Kinder finden sicher ihren „Lieblingstyp“.

Die Kinder laufen kreuz und quer im Raum herum und begrüßen sich untereinander. Dabei gibt die Lehrkraft vor, wie sich die Kinder begrüßen sollen.

Beispiele für Begrüßungsformen

- wie feine Damen/feine Herren
- wie Roboter
- wie coole Typen
- wie Detektive
- wie Seiltänzer
- wie ausgepowerte Sportler

Stimmt's?

Bei dieser Übung werden die linke und rechte Gehirnhälfte herausgefordert.

Bei diesem Spiel sind immer drei Kinder an der Reihe. Das erste Kind schließt die Augen. Das zweite Kind stellt sich ihm in beliebiger ungewöhnlicher Pose gegenüber, z. B.: rechter Fuß vor, linker Arm zur Seite, Kopf nach rechts gedreht. Das dritte Kind leitet das erste nun an, wie es sich positionieren muss, damit es das Spiegelbild des zweiten Kindes wird, also im Beispiel: linker Fuß vor, rechter Arm zur Seite, Kopf nach links drehen. Dann öffnet das erste Kind die Augen und begutachtet sein Spiegelbild.

 Bewegungsnetz

Schnelles Bewegen steht bei dieser Übung im Vordergrund und macht die Kinder wieder fit für die nächste Lerneinheit.

Die Kinder stehen im Kreis und zählen gegen den Uhrzeigersinn zweimal bis zur Hälfte der Kinderanzahl durch.
Jeder hat nun einen Zahlenpartner, der ihm gegenübersteht. Alle Zahlenpartner werden nochmal aufgerufen, damit sich die beiden als Partner erkennen. Nun erhalten die beiden Kinder mit der Zahl 1 jeweils einen Igelball, den sie an ihren rechten Partner mit der Zahl 2 weitergeben. Danach tauschen sie mit ihrem gegenüberstehenden Zahlenpartner den Platz. Die beiden Kinder mit der Zahl 2 geben den Ball wieder an den nächsten Nachbarn zur rechten Seite weiter und tauschen ebenfalls den Platz. So entsteht ein Laufnetz, bei dem keiner lange an einer Stelle steht.

Die Bälle werden so mehrere Runden weitergegeben. Danach startet die Runde im Uhrzeigersinn in die entgegengesetzte Richtung.

Material

zwei Igelbälle

Laut oder leise

Bei dieser Übung sind aufmerksames Zuhören und das Umstellen auf laute und leise Töne gefragt.

Die Lehrkraft hat ein Rhythmusinstrument in der Hand, beispielsweise ein Tambourin. Sie gibt einen kurzen Rhythmus vor und sagt an, wie die Kinder den Rhythmus nachmachen sollen, z.B. klatschen, stampfen oder mit bestimmten Lauten (beispielsweise oh, oh, oh oder la, la, la oder nur einzelne Buchstaben). Zudem wird vorgegeben, ob die Bewegungen oder die Töne laut, weniger laut oder ganz leise durchgeführt beziehungsweise gesprochen werden sollen.
Gemeinsam wird dann der Rhythmus entsprechend der Vorgabe wiederholt.

Material

Rhythmusinstrument

Roboter

Bei dieser Übung zeigt sich, ob zwei Kinder gut zusammenarbeiten und schnell aufeinander reagieren.

Die Kinder gehen jeweils zu zweit zusammen. Ein Kind ist der Roboter. Das andere Kind bedient den Roboter beim Laufen mit folgenden Kommandos:

- Tippen auf die rechte Schulter: Der Roboter macht eine Drehung um 45° nach rechts.
- Tippen auf die linke Schulter: Der Roboter macht eine Drehung um 45° nach links.
- Tippen auf den Rücken: Der Roboter bleibt stehen. Nochmaliges Berühren setzt den Roboter wieder in Gang.

Variation

Bei Berührung der rechten Schulter läuft der Roboter nach links, bei Berührung der linken Schulter läuft er nach rechts.

Korken-Akupunktur

Diese Partnerübung bietet eine schnelle Kurzentspannung, um anschließend wieder konzentriert Informationen aufnehmen zu können.

Die Kinder gehen zu zweit zusammen. Ein Kind liegt in Bauchlage auf dem Boden, das andere ist der Akupunkteur.
Der Akupunkteur tupft mit einem Korken leicht auf verschiedene Stellen des Körpers seines Partners. Dieser benennt die Stellen, an denen er glaubt, die Korkenberührungen gespürt zu haben.

Material

pro Kinderpaar ein Flaschenkorken

Bewegte Lernformen

Buchstabenartist

Diese Übung trainiert die Denkflexibilität und motiviert zum Wiederholen gelernter Informationen.

Für dieses Spiel werden Buchstabenkarten benötigt. Zunächst wird ein langes Seil als gerade Linie auf den Boden gelegt. Die Lehrkraft überlegt sich ein Wort aus dem Unterrichtsstoff und sucht zunächst die Buchstaben dieses Wortes aus den Buchstabenkarten heraus.
Danach gibt sie an, wie viele Kinder sich auf der Linie nebeneinanderstellen sollen. Die Zahl der Kinder ergibt sich aus der Anzahl der Buchstaben dieses Wortes. Sie verteilt an jedes Kind eine der Buchstabenkarten, wobei sie die Karten nicht in der richtigen Reihenfolge ausgibt.

Die Kinder haben nun die Aufgabe, das „geschüttelte“ Wort zu erkennen und sich dann in der richtigen Buchstabenfolge auf der Seillinie zu positionieren. Dabei gilt folgende Regel: Niemand darf beim Platztausch seinen Fuß außerhalb des Seils abstellen. Das erfordert gute Absprachen und Kreativität.

Material

Buchstabenkarten, langes Seil

Wörter werfen

Diese Übung trainiert den Wortspeicher und die Rechtschreibung und kann für die Wiederholung von Unterrichtsstoff genutzt werden.

Ein Ball wird von Kind zu Kind geworfen. Dabei bilden sie ein Wort, indem jedes Kind, das den Ball erhält, einen Buchstaben hinzufügt. Welches Wort entsteht, hängt von den Buchstaben ab, die die Kinder anfügen. Wem kein passendes Wort mit den bereits genannten Buchstaben einfällt, wirft den Ball einfach weiter.

Beispiel für das Fach Sachkunde, Thema Städte

Das 1. Kind sagt: „**L**“, weil es an „**L**UDWIGSBURG“ denkt.
Das 2. Kind sagt: „**E**“, weil es an „**LE**MGO“ denkt.
Das 3. Kind sagt: „**I**“, weil es an „**LEI**MEN“ denkt.
Das 4. Kind sagt: „**P**“, weil es an „**LEIP**HEIM“ denkt.
Das 5. Kind sagt: „**Z**“, weil es an „**LEIPZ**IG“ denkt.
Das 6. Kind sagt: „**I**“, weil es auch an „**LEIPZI**G“ denkt.

Das 7. Kind sagt: „**G**“, weil es auch an „**LEIPZIG**“ denkt, und nennt das vollständige Wort.

Beispiel für das Fach Englisch

Das 1. Kind sagt: „**S**“, weil es an „**S**ONG“ denkt.
Das 2. Kind sagt: „**H**“, weil es an „**SH**E“ denkt.
Das 3. Kind sagt: „**O**“, weil es an „**SHO**P“ denkt.
Das 4. Kind sagt: „**R**“, weil es an „**SHOR**T“ denkt.
Das 5. Kind sagt: „**T**“, weil es an „**SHORT**S“ denkt.
Das 6. Kind sagt: „**S**“, und nennt das vollständige Wort „**SHORTS**“ laut.

Material

Ball

Vier Helfer

Diese Übung wiederholt Erlerntes durch spielerische Assoziationen. Sowohl die Ratenden als auch die Rätselsteller sind gefordert.

Die Lehrkraft bereitet Begriffe aus dem Unterrichtsstoff vor und schreibt diese auf einzelne Kärtchen. Diese Begriffe sollen von jeweils einem Kind erklärt und von den anderen erraten werden.
Die Kinder teilen sich in vier Gruppen auf und jede Gruppe stellt sich in eine der vier Ecken des Raumes. Jede Ecke ist mit einer bestimmten Darstellungsart des Begriffs verbunden und wird als „Hilfsposten“ bezeichnet.
Ein Kind zieht eine Begriffskarte und stellt anschließend seinen Begriff dar. Dazu stellt es sich nacheinander in die Ecken 1 bis 4 und erklärt den Begriff wie vom „Hilfsposten“ vorgegeben:

- Hilfsposten 1: PANTOMIME (der Rätselsteller stellt seinen Begriff pantomimisch dar)
- Hilfsposten 2: BUCHSTABEN (Buchstabenkarten von A–Z liegen bereit und der Anfangsbuchstabe des Rätselbegriffs wird gezeigt)

- Hilfsposten 3: LAUTE (ein passender Laut zum gesuchten Begriff wird gemacht)
- Hilfsposten 4: EIGENSCHAFT (der Rätselsteller nennt ein Eigenschaftswort, das zum gesuchten Begriff passt)

In jeder Ecke darf nur ein Lösungsvorschlag von einem Kind gegeben werden, das in dieser Ecke steht. Die Lösungsvorschläge in jeder Ecke darf der Rätselsteller nur mit ja oder nein beantworten.
Nach jedem Lösungsvorschlag, der noch nicht die richtige Lösung gebracht hat, zieht der Rätselsteller einen Hilfsposten weiter.
Nach jeder Rätselrunde tauschen die Gruppen die Hilfsposten und ziehen eine Ecke weiter.

Material

Buchstabenkarten

Bewegtes Abc

Mit dieser Übung können sich die Kinder das Abc oder Lernbegriffe einprägen. Dies wird durch die gleichzeitige Bewegung unterstützt.

Ein Abc-Plakat wird aufgehängt. Unter jedem Buchstaben stehen in zufälliger Anordnung die Buchstaben L, R und O, die mit bestimmten Bewegungen verknüpft sind:

- L: beide Arme nach links
- R: beide Arme nach rechts
- O: beide Arme nach oben

Alle lesen zusammen laut das Alphabet und machen die dazugehörigen Bewegungen.

Beispiel

A	*B*	*C*	*D*	*E*	*F*	*G*	*H ...*
L	*O*	*L*	*R*	*O*	*R*	*L*	*R ...*

Variationen

- Das Alphabet wird rückwärts aufgesagt.
- Es werden Wörter aus der letzten Lerneinheit buchstabiert.

Material

Abc-Plakat

Rechenversteck

Bei diesem Spiel handelt es sich um eine bewegte Rechenübung.

Karten mit den Zahlen von 1 bis 20 liegen gemischt und mit Abstand zueinander verteilt auf dem Boden. Die Lehrkraft nennt eine Rechenoperation und die Kinder laufen schnell zur Karte mit dem entsprechenden Ergebnis.

Variation

Bei dieser Variation spielen immer zwei Kinder zusammen. Die Lehrkraft nennt ein Ergebnis und zwei Kinder laufen zu zwei Zahlenkarten, mit denen das Ergebnis berechnet werden kann. Damit sind diese Karten besetzt und können von den anderen Kindern nicht mehr genutzt werden.

Beispiel

Die Lehrkraft nennt das Ergebnis „26“. Die beiden Kinder laufen beispielsweise zu den Karten 8 und 18 ($8 + 18 = 26$) oder 2 und 13 ($2 \times 13 = 26$) und nennen die passende Rechenoperation. Die Kinder bleiben bei den beiden Zahlenkarten stehen.

Hinweis

Bei höheren Klassen kann der Zahlenraum beliebig erweitert werden.

Material

Zahlenkarten von 1 bis 20

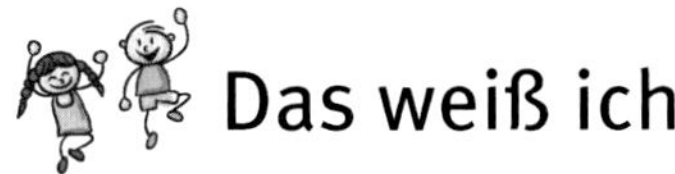

Das weiß ich

Diese Übung eignet sich zum Einprägen und Wiederholen von Lernstoff.

Zunächst beschriftet jedes Kind eine Moderationskarte mit einem Begriff, der im Unterricht besprochen wurde. Damit keine Doppelnennungen vorhanden sind, wird die Auswahl in der gesamten Klasse besprochen. Die Karten werden dann auf dem Boden mit dem Begriff nach oben ausgelegt.
Die Lehrkraft nennt besprochene Details, die zu einem der ausliegenden Begriffe passen. Wenn die Kinder glauben, den dazugehörigen Begriff zu wissen, laufen sie zur passenden Karte.

Variation

Jedes Kind legt seine beschriebene Begriffskarte verdeckt auf dem Boden aus und merkt sich die Position. Die Kinder rollen nacheinander einen Ball über den Boden. Rollt der Ball über eine Begriffskarte, umschreibt das Kind, von dem die Karte stammt, seinen Begriff mit den im Unterricht gelernten Informationen. Die anderen Kinder überlegen, um welchen Begriff es sich handelt. Daraufhin wird die Karte umgedreht und es wird kontrolliert, ob der genannte Begriff der richtige ist.

Material

Moderationskarten, evtl. Ball

 Wortecken

Diese Übung eignet sich gut, um Lerninhalte auf spielerische Weise in Erinnerung zu rufen.

In jeder Ecke des Raumes liegen gut sichtbar 6 bis 7 Buchstabenkarten des Alphabets, sodass insgesamt alle Buchstaben des Alphabets im Raum vorhanden sind. Diese Buchstabenkarten sollen nicht in der richtigen Abfolge in den Ecken liegen. Die Lehrkraft nennt einen im Unterricht gelernten Begriff und ein bis zwei Kinder laufen die einzelnen Buchstaben des Begriffs von Ecke zu Ecke ab. In jeder Ecke wird einmal geklatscht. Befinden sich zwei Buchstaben, die im Wort hintereinanderstehen, in derselben Ecke, wird in dieser Ecke zweimal geklatscht.

Variation

Die Übung kann auch als Rätsel gestaltet werden. Dazu läuft ein Kind einen Begriff ab, der ihm aus dem Unterricht in Erinnerung ist. Die anderen Kinder versuchen, den Begriff zu erraten. Wenn dies zu schwierig ist, kann der Anfangsbuchstabe vorgegeben werden.

Material

Buchstabenkarten für das gesamte Alphabet

Buchstabenkette

Diese Übung fördert die geistige Vorstellungskraft und eignet sich gut als Wiederholung von Fachbegriffen und Vokabeln.

Die Kinder sitzen am Tisch oder im Kreis. Die Lehrkraft gibt Wörter vor, die von den Kindern reihum buchstabiert werden. Wenn ein Kind einen Buchstaben nennt, steht es auf und setzt sich wieder.

Variationen

- Die Wörter werden rückwärts buchstabiert.
- Bei Nennung eines Vokals klatschen die Kinder während des Aufstehens.
- Ein Kind buchstabiert ein Wort, die anderen erraten es. Auch hier kann die Nennung des Vokals wieder durch Klatschen ergänzt werden.

Wortkette

Bei dieser Übung steht das gemeinsame Ziel, eine vollständige Wortkette zu bilden, im Vordergrund.

Die Kinder stehen am Rand. Ein Kind beginnt und nennt einen zusammengesetzten Begriff, z. B. FAHRRADSCHLOSS. Die anderen Kinder überlegen sich einen neuen zusammengesetzten Begriff, der mit dem zweiten Wortteil SCHLOSS beginnt, z. B. SCHLOSSHERR. Wem ein passender Begriff einfällt, kettet sich an das erste Kind an (an der Schulter oder an den Händen fassen). Beide Kinder laufen dann als kleine Kette kreuz und quer durch den Raum. Das Kind, dem zum zweiten Wortteil HERR wieder ein passender Begriff einfällt (z. B. HERRENBART), kettet sich ebenfalls an. So geht es weiter, bis alle Kinder in der Kette sind oder den Kindern kein Begriff mehr einfällt.

Buchstaben-Ball

Schnelles Assoziieren von gelernten Begriffen oder Vokabeln erfordert hohe Denkflexibilität. Die Wiederholung unterstützt das sichere Abspeichern und Abrufen der Begriffe.

Die Kinder stehen im Kreis. Ein Buchstabenball wird kreuz und quer von Kind zu Kind geworfen. Beim Fangen zählt der Buchstabe auf dem Ball, der vom rechten Daumen berührt wird oder danebensteht. Mit diesem Buchstaben überlegt sich das Kind einen gelernten Begriff oder eine Vokabel.

Material

Buchstabenball

Don Bosco MiniSpielothek
Klein, fein, alles drin

ISBN 978-3-7698-2572-5

ISBN 978-3-7698-2573-2

ISBN 978-3-7698-2569-5

ISBN 978-3-7698-2565-7

ISBN 978-3-7698-2558-9

ISBN 978-3-7698-2559-6

ISBN 978-3-7698-2556-5

ISBN 978-3-7698-2555-8

ISBN 978-3-7698-2546-6

ISBN 978-3-7698-2545-9

ISBN 978-3-7698-2540-4

ISBN 978-3-7698-2539-8

ISBN 978-3-7698-2521-3

ISBN 978-3-7698-2520-6

ISBN 978-3-7698-2510-7

ISBN 978-3-7698-2509-1

ISBN 978-3-7698-2503-9

ISBN 978-3-7698-2498-8

ISBN 978-3-7698-2497-1

ISBN 978-3-7698-2466-7

ISBN 978-3-7698-2465-0

ISBN 978-3-7698-2450-6

ISBN 978-3-7698-2449-0

ISBN 978-3-7698-2400-1

ISBN 978-3-7698-2398-1

ISBN 978-3-7698-2397-4

ISBN 978-3-7698-2374-5